GUI DE CHAULIAC

MÉDECIN

des Souverains Pontifes Clément VI, Innocent VI, Urbain V

CHANOINE DE REIMS

Il y a cent ans, triste Centenaire ! les archives, les annales, les volumes de nos bibliothèques ont été en partie volés, brûlés, vendus à l'étranger. C'est donc un devoir de recueillir religieusement les feuillets épars qui reviennent jusqu'à nous.

Dans le *Bulletin du Diocèse*, en date du 22 décembre 1888, nous faisions connaître l'abbé Destable, de Reims, docteur en théologie en l'Université de cette ville, préfet apostolique, chevalier de l'ordre du Christ et de l'Éperon d'or. Aujourd'hui, nous avons la bonne fortune de mettre en lumière une des plus grandes célébrités du xıv^e siècle, grâce à l'amabilité d'un des plus distingués médecins de Paris.

En échange de quelques notes qu'il nous avait demandées, notes trop peu importantes, M. le docteur Nicaise, professeur agrégé de la Faculté de Médecine, chirurgien de l'hôpital Laennec et bien connu à Reims, puisqu'il a été externe de l'hôpital de cette ville en 1859, nous a donné copie d'une pièce très précieuse extraite des archives du Vatican (1).

Avant de donner cette pièce importante, esquissons la biographie de Gui

____

(1) Cette bulle a été déjà publiée par M. A. Thomas, *Lettres à la Cour des Papes*, Rome, 1884.

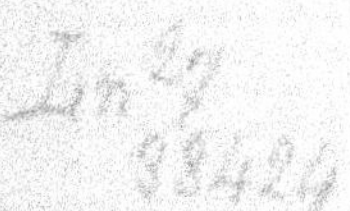

de Chauliac, que nous empruntons à l'ouvrage de M. Michaud, en l'analysant toutefois.

« CHAULIAC (Gui de), ainsi nommé du lieu de sa naissance, village de Gévaudan, sur les frontières d'Auvergne, étudia la médecine à Montpellier, où il reçut les leçons de Raymond de Molières… se rendit à Bologne….. s'attacha au professeur Bertruccio, qu'il appelle toujours son maître. Si l'on en croit le savant Astruc, Chauliac reçut à Montpellier les honneurs du Doctorat. Après avoir exercé à Lyon, il se rendit à Avignon, où il fut successivement médecin des trois papes, Clément VI (1342), Innocent VI (1352), Urbain V (1362). Il composa en cette ville de nombreux ouvrages dont les auteurs font les plus grands éloges….. On peut dire, affirme Astruc, qu'il a plus contribué que personne à faire de la chirurgie un art régulier et méthodique….. Une des époques les plus brillantes de la faculté de Montpellier, dit Lorry, est celle où elle a produit le fameux Gui de Chauliac, homme qui doit tenir une place distinguée parmi les bienfaiteurs de l'humanité….. Il doit porter éternellement le nom de restaurateur de la chirurgie. Il n'y a pas encore cent ans que ses ouvrages étaient les livres classiques des chirurgiens, leurs guides, qu'ils appelaient leur *guidon*….. Une autre cause de gloire pour ce savant, c'est qu'il fit connaître la peste qui, au xiv° siècle, dépeupla le monde entier d'un quart de ses habitants et dont il faillit être la victime….. Les étrangers lui rendent le même témoignage que les Français….. Ici, Michaud cite les nombreuses appréciations des hommes les plus distingués, qui comparent Gui à Hippocrate, le considèrent comme le premier législateur de la chirurgie….. il aurait pu prendre pour devise : *Consilioque manuque*. La date de sa mort n'est pas connue, ni celle de sa naissance, que certains auteurs placent en 1320. La *Biographie* de F. Didot donne de précieux renseignements sur ses opérations chirurgicales.

La bulle d'Innocent VI, dont nous allons donner une traduction libre, et dont nous devons le texte latin à M. le docteur Nicaise, expliquera ce qui rattache Gui de Chauliac à la ville de Reims. Elle sera une preuve nouvelle des liens qui unissaient l'Église de Reims à celle de Rome, et fera mieux sentir la valeur d'un ouvrage qui réunirait toutes les bulles des Papes concernant un diocèse, documents si précieux pour son histoire:

Villeneuve-lez-Avignon, 15 août 1353.

A notre bien-aimé Fils, Maître GUI DE CHAULIAC, chanoine de l'Église de Reims et notre Chapelain, salut.

Les témoignages d'affectueux dévouement que jusqu'ici vous Nous avez donnés, à Nous et au Siége apostolique, et que vous ne cessez de Nous donner encore; votre savoir, l'honnêteté de votre vie et de vos mœurs et les autres mérites de votre probité et de vos vertus, que des marques continuelles nous ont fait connaître, nous déterminent à vous accorder libéralement une faveur. Le canonicat et la prébende de l'Église de Reims, que possédait Notre chapelain Étienne Chaulhaguet, décédé auprès de Nous, étant vacants et à notre seule disposition, Nous vous donnons, comme faveur spéciale, à raison de vos mérites et de vos vertus, ce canonicat et cette prébende, avec tous les droits canoniques qui s'y trouvent attachés. Nous le faisons par pure libéralité, de Notre volonté propre, sans y avoir été sollicité ni par vous ni par d'autres, et en vertu de Notre Autorité apostolique.

Dilecto filio Magistro GUIGONI DE CAULIACO, canonico Remensi, capellano nostro, salutem etc.

Grata tue familiaritatis obsequia que nobis et apostolice sedi hactenus impendisti et incessanter impendere non desinis, necnon literarum scientia, vite ac morum honestas et alia tuarum probitatis et virtutum merita familiari experientia nobis nota nos inducunt ut tibi reddamur in exhibitione favoris et gratie liberales. Cum itaque canonicatus et prebenda ecclesie Remensis quos quondam Stephanus de Chaulhaguelu, ejusdem ecclesie canonicus, capellanus capelle nostre, in ecclesia predicta dum viveret obtinebat, per obitum ipsius Stephani qui nuper apud sedem apostolicam decessit, apud sedem ipsam vacaverint et vacent ad presens nullusque de eis preter nos hac vice disponere possit...... Nos volentes tibi premissorum meritorum et obsequiorum intuitu gratiam facere specialem, canonicatum et prebendam predictos sic vacantes cum plenitudine juris canonici ac omnibus juribus et pertinentiis suis motu proprio, non ad tuam vel alterius pro te nobis oblate petitionis instantiam, sed de nostra mera liberalitate apostolica tibi auctoritate conferimus.....

Datum apud Villamnovam Avinionensis diocesis XVII kal septembris, anno primo.

(Reg. d'Innocent VI, coté 221, Bulle n° 377.)

Gui de Chauliac a-t-il réellement été chanoine de Reims, comme le dit cette bulle ? Ne pourrait-il pas y avoir quelque doute en lisant ces paroles de l'annaliste Cocquault, chanoine de Reims (1353) : « Les chanoines de « St-Pierre de Rome, estimant avoir privillège; que desservant leurs

« prébendes a St-Pierre ilz debvoient jouir des fruitz de leurs autres be-
« nefices escrivent au Chappitre de Reims pour un Gilles de Roffredis
« chanoine dudit St-Pierre et chanoine de Reims pour estre excusé, ce
« qui leur fut signifié en forme d'indult. Je ne voys ce qui en fut ordonné,
« du 25 janvier aux registres du Chappitre de Reims (1). »

Les chanoines de Rome ne dédaignaient pas d'être du Chapitre de Reims.

Gui de Chauliac a été certainement chanoine de l'Église de Reims. La liste des prébendes et des chanoines de cette Église, dressée en 1784 par le chanoine Lecomte, et conservée à la Bibliothèque de l'Archevêché, porte, page 89 : *prébende 69*, « *latus sinistrum, Stephanus de Chantalagueto,* « *1319;* puis, aussitôt, *Guido de Cauliaco, 1353,* » c'est à dire les deux personnages de la bulle, avec la même date.

A ce témoignage du chanoine Lecomte, ajoutons celui de Weyen, qui a laissé des notes nombreuses sur les chanoines de Reims (mss. in-f° con-servé à la Bibliothèque de la Ville). Il donne comme étant la 68° prébende celle que nous désignons comme étant la 69°, mais cette légère différence n'enlève rien à la valeur de la citation.

« *68° prébende* : Stephanus de Chanlagueto, seu Chanlhagueto, per
« proc. 29 nov. 1349, fuit Capellanus Papæ.

« Obiit canon. Rem. 1353.

« *68° prébende* : Guido de Cauliaco Domini nostri Papæ Capellanus,
« auth. Apost. Innocentii 6. Papæ per proc. 5 nov. 1353, per obitum
« Stephani de Chanlhagueto quondam Capellani dicti Papæ.

« Receptus autem fuit dictus Guido salvo jure Eccl. et alterius cujus-
« cunque. »

Ainsi, Guido fut reçu canoniquement. Il eut pour successeur dans la même prébende, « Johannes de Rupe, per proc. 6 April. 1359. » Il ne fut donc pas chanoine jusqu'à sa mort, puisqu'il composa des ouvrages en 1363.

Nous n'avons rien trouvé dans l'histoire de Reims qui concernât Gui de Chauliac; mais quelques lignes relatives à son prédécesseur, chanoine

____

(1) Les obituaires de l'Église de Reims mentionnent un nommé Rofredes (*II Kal. Maii*, VARIN, *Arch. legisl.*, II° partie, Statuts, 1° vol., p. 78.)

comme lui et chapelain du Pape Innocent VI. Dans « li comptes de la ville
« et cité de Reins, fais et rendus en la loge des eschevins, depuis le jour
« des Cendres l'an [mccc]lii, jusques au jour des Cendres l'an [mccc]liii, »
nous trouvons : « Jehan li Potelains de Nouvion devint bourjeois de
« monsigneur Estesne de Chauleguet, chanoine de Reins, et fut par
« l'escolastre, son procureur, le samedi devant la Saint-Jehan-Bap-
« tiste (1) ».

La bibliothèque de Reims possède parmi ses manuscrits 1 704/673 :
Inventarium chirurgicale Guidonis de Caulhiaco chirurgie, in medicina
magistro, anno 1363, in-folio vélin.

Cet ouvrage a été imprimé pour la première fois, suivant Haller, à Ber-
game en 1498, ou, suivant Meskleln, à Venise en 1490.

Pourquoi ce manuscrit si précieux est-il à Reims, et comment y est-il
venu ? Est-ce à raison des rapports que le célèbre médecin avait eu avec
cette ville, comme chanoine ?

La 69e prébende présente une particularité. Le dernier chanoine qui la
possédait au moment de la Révolution était aussi docteur-médecin. « *Lau-*
« *rentius Andreas Dabout, Belloracens. doctor medicus, clericus, in*
« *propria recipitur, 6 august. 1782* (2). » Il demeurait au séminaire (Al-
manach de Reims, 1783). Il refusa de prêter le serment schismatique au
moment de la Révolution.

Ces deux médecins, pour ne parler que d'eux, à plusieurs siècles de
distance, prouvent la haute estime qu'avait le clergé pour la médecine et
pour la chirurgie. C'est ce que constatait M. le docteur Colleville, dans le
remarquable discours de rentrée qu'il prononçait, il y a quelques années,
à l'École de Médecine. Il disait qu'au moyen âge l'étude de la médecine
était presque générale dans les monastères, et que le clergé, lui aussi, s'y
adonnait volontiers.

Ainsi, à Reims, non seulement le Chapitre participa par ses dons à la
Fondation de l'Université, dont le cardinal de Lorraine gratifia la ville,
mais beaucoup de ses membres se firent un honneur de recevoir le titre
de *Docteur-Médecin*. C'est un chanoine de Reims, Reginald Thévrault

(1) Varin, *Arch. administ.*, tome III, p. 38.
(2) Liste des prébendes.

qui fut nommé en 1550, par le grand chancelier du royaume, pour commencer la Faculté de Médecine, et ce sont des chanoines de Reims qui, au commencement du xvII^e siècle, de 1604 à 1612, construisirent les écoles dans la rue qui depuis fut appelée l'*École-de-Médecine*. Antoine Fournier, que M. Maldan appelle le fondateur de la Faculté, et son neveu Antoine de Beauchêne, laissèrent à cet effet des sommes considérables. Aussi, en souvenir de ces Mécènes, comme le dit encore le Dr Maldan, on plaça une plaque de marbre au-dessus de la porte de l'École avec ces mots : *Écoles fondées par les deux Antoine ;* les professeurs prirent le nom de *Lecteurs antoniens*. Dans la salle où se donnaient les leçons, on voyait, ajoute M. Maldan, « un tableau représentant Notre Seigneur Sauveur, avec « saint Luc et saint Antoine, ces *divins médecins* ».

Ch. Cerf.

3648 — Imprimerie coopérative (N. Monce dir.), rue Flâche, 24.